AF563274

TAO TE KING

LIBRO DEL TAO Y DE SU VIRTUD

LAO TZU

Contacto: info@parkerpub.com

Traducción: Carlos Ruiz
Diseño Portada: Juan Garcia

www.parkerpub.co

TAO TE KING

(El libro del Camino y la Virtud)

Lao-Tse

I

El Tao que puede ser expresado
no es el verdadero Tao.
El nombre que se le puede dar
no es su verdadero nombre.
Sin nombre es el principio del universo;
y con nombre, es la madre de todas las cosas.
Desde el no-ser comprendemos su esencia;
y desde el ser, sólo vemos su apariencia.
Ambas cosas, ser y no-ser, tienen el mismo
origen, aunque distinto nombre.
Su identidad es el misterio.
Y en este misterio
Se halla la puerta de toda maravilla.

II

Todo el mundo toma lo bello por lo bello,
y por eso conocemos qué es lo feo.
Todo el mundo toma el bien por el bien,
y por eso conocen qué es el mal.
Porque, el ser y el no-ser se engendran mutuamente.
Lo fácil y lo difícil se complementan.
Lo largo y lo corto se forman el uno de otro.
Lo alto y lo bajo se aproximan.
El sonido y el tono armonizan entre sí.
El antes y el después se suceden recíprocamente.
Por eso, el sabio adopta la actitud de no-obrar
y practica sin palabras.
Todas las cosas aparecen sin su intervención.
Nada usurpa ni nada rehúsa,
ni se atribuye la obra acabada,
y por eso, su obra permanece con él.

III

No ensalzar los talentos
para que el pueblo no compita.
No estimar lo que es difícil de adquirir
para que el pueblo no se haga ladrón.
No mostrar lo codiciable
para que su corazón no se ofusque.
El sabio gobierna de modo que
vacía el corazón,
llena el vientre,
debilita la ambición,
y fortalece los huesos.
Así evita que el pueblo
tenga saber ni deseos,
para que los más astutos
no busquen su triunfo.
Quién practica el no-obrar
todo lo gobierna.

IV

El Tao es vacío,
imposible de colmar,
y por eso, inagotable en su acción.
En su profundidad reside el origen
de todas las cosas.
Suaviza sus asperezas,
disuelve la confusión,
atempera su esplendor,
y se identifica con el polvo.
Por su profundidad parece ser eterno.
No sé quién lo concibió,
pero es más antiguo que los dioses.

V

El universo no tiene sentimientos;

todas las cosas son para él como perros de paja.

El sabio no tiene sentimientos;

el pueblo es para él como un perro de paja.

El universo es como un fuelle,

vacío, pero nunca agotado.

Cuanto más se mueve,

más produce.

Quien más habla

menos le comprende

Es mejor incluirse en él.

VI

El espíritu del valle no muere.

Es la hembra misteriosa.

La puerta de lo misterioso femenino

es la raíz del universo.

Ininterrumpidamente, prosigue

su obra sin fatiga.

VII

El cielo es eterno y la tierra permanece.

El cielo y la tierra deben su eterna duración

a que no hacen de sí mismos

la razón de su existencia.

Por ello son eternos.

El sabio se mantiene rezagado

y así es antepuesto.

Excluye su persona

y su persona se conserva.

Porque es desinteresado

obtiene su propio bien.

VIII

La suprema bondad es como el agua.
El agua todo lo favorece y a nada combate.
Se mantiene en los lugares
que más desprecia el hombre
y, así, está muy cerca del Tao.
Por esto, la suprema bondad es tal que,
su lugar es adecuado.
Su corazón es profundo.
Su espíritu es generoso.
Su palabra es veraz.
Su gobierno es justo.
Su trabajo es perfecto.
Su acción es oportuna.
Y no combatiendo con nadie,
nada se le reprocha.

IX

Más vale renunciar antes que sostener
en la mano un vaso lleno
sin derramarlo.
La espada que usamos y afilamos continuamente
no conservará mucho tiempo su hoja.
Una sala llena de oro y jade
nadie la puede guardar.
Quien se enorgullece de sus riquezas
atrae su propia desgracia.
Retirarse de la obra acabada,
del renombre conseguido,
esa es la ley del cielo.

X

Unir cuerpo y alma en un conjunto
del que no puedan disociarse.
Dominar la respiración hasta hacerla
tan flexible como la de un recién nacido.
Purificar las visiones hasta
dejarlas limpias.
Querer al pueblo y gobernar el Estado
practicando el no-hacer.
Abrir y cerrar las puertas del cielo
siendo como la mujer.
Conocer y comprenderlo todo
usar la inteligencia.
Engendrar y criar,
engendrar sin apropiarse,
obrar sin pedir nada,
guiar sin dominar,
esta es la gran virtud.

XI

Treinta radios convergen en el centro
de una rueda,
pero es su vacío
lo que hace útil al carro.
Se moldea la arcilla para hacer la vasija,
pero de su vacío
depende el uso de la vasija.
Se abren puertas y ventanas
en los muros de una casa,
y es el vacío lo que permite habitarla
En el ser centramos nuestro interés,
pero del no-ser depende la utilidad.

XII

Los cinco colores ciegan al hombre.

Los cinco sonidos ensordecen al hombre.

Los cinco sabores embotan al hombre.

La carrera y la caza ofuscan al hombre.

Los tesoros corrompen al hombre.

Por eso, el sabio atiende al vientre

y no al ojo.

Por eso, rechaza esto y prefiere aquello.

XIII

El favor y la desgracia inquietan por igual.

La fortuna es un gran dolor como nuestro cuerpo.

¿Qué quiere decir: favor y desgracia inquietan por igual?

El favor eleva y la desgracia abate.

Conseguir el favor es la inquietud.

Perderlo es la inquietud.

Este es el sentido de "favor y desgracia inquietan por igual"

¿Qué quiere decir: la fortuna es un gran dolor como nuestro cuerpo?

La causa por la que padezco dolor es mi propio cuerpo.

Si no lo tuviese,

¿qué dolor podría sentir?

Por esto, quien estime al mundo igual a la fortuna de

su propio cuerpo,

puede gobernar el mundo.

Quien ame al mundo como a su propio cuerpo,

se le puede confiar el mundo.

IX

Se le llama invisible porque mirándole
no se le ve.
Se le llama inaudible porque escuchándole
no se le oye.
Se le llama impalpable porque tocándole
no se le siente.
Estos tres estados son inescrutables
y se confunden en uno solo.
En lo alto no es luminoso,
en lo bajo no es oscuro.
Es eterno y no puede ser nombrado,
retorna al no-ser de las cosas.
Es la forma sin forma
y la imagen sin imagen.
Es lo confuso e inasible.
De frente no ves su rostro,
por detrás no ves su espalda.
Quien es fiel al Tao antiguo
domina la existencia actual.
Quien conoce el primitivo origen
posee la esencia del Tao.

XV

Los sabios perfectos de la antigüedad
eran tan sutiles, agudos y profundos
que no podían ser conocidos.
Puesto que no podían ser conocidos,
sólo se puede intentar describirlos:
Eran prudentes, como quien cruza un arroyo en invierno;
cautos, como quien teme a sus vecinos por todos lados;
reservados, como un huésped;
inconstantes, como el hielo que se funde;
compactos, como un tronco de madera;
amplios, como un valle;
confusos, como el agua turbia.
¿Quién puede, en la quietud, pasar lentamente de lo turbio a la claridad?
¿Quién puede, en el movimiento, pasar lentamente de la cama a la acción?
Quien sigue este Tao
no desea ser pleno.
No siendo pleno
puede quedar en lo viejo
sin renovarse.

XVI

Alcanza la total vacuidad
para conservar la paz.
De la aparición bulliciosa de todas las cosas,
contempla su retorno.
Todos los seres crecen agitadamente,
pero luego, cada una vuelve a su raíz.
Volver a su raíz es hallar el reposo.
Reposar es volver a su destino.
Volver a su destino es conocer la eternidad.
Conocer la eternidad es ser iluminado.
Quien no conoce la eternidad
camina ciegamente a su desgracia.
Quien conoce la eternidad
da cabida a todos.
Quien da cabida a todos es grandioso.
Quien es grandioso es celestial.
Quien es celestial es como Tao.
Quien es como el Tao es perdurable.
Aunque su vida se extinga, no perece.

XVII

El gran gobernante pasa inadvertido por el pueblo.

A éste sucede el que es amado y elogiado por el pueblo.

Después, el que es temido.

Y finalmente, el despreciado.

Si no hay confianza total,

se obtiene la desconfianza.

El gran gobernante practica el no-hacer

y así, a la obra acabada sigue el éxito.

Entonces, el pueblo cree vivir según su propia ley.

XVIII

Cuando se abandona el Tao

aparecen la bondad y la justicia.

Con la inteligencia y la astucia

surgen los grandes hipócritas.

Cuando no existe armonía entre los seis parientes,

se necesita la piedad filial y el amor paternal.

Cuando hay revueltas en el reino,

se inventa la fidelidad del buen súbdito.

IXX

Rechaza la sabiduría y el conocimiento,

y aprovechará cien veces más al pueblo.

Rechaza la benevolencia y desecha la justicia,

y el pueblo volverá a la piedad y el amor.

Rechaza la habilidad y su provecho,

Y no habrá más bandidos ni ladrones.

Pero estas tres normas no bastan.

Por esto, atiende a lo sencillo, y genuino, reduce tu

egoísmo, y restringe los deseos.

XX

Suprime el estudio y no habrá preocupaciones.
¿Qué diferencia hay entre el sí y el no?
¿Qué diferencia hay entre el bien y el mal?
No es posible dejar de temer
lo que los hombres temen.
No es posible abarcar todo el saber.
Todo el mundo se enardece y disfruta,
como cuando se sube a una torres en primavera.
Sólo yo quedo impasible,
como el recién nacido que aún no sabe sonreír.
Como quien no sabe adónde dirigirse,
como quien no tiene hogar.
Todo el mundo vive en la abundancia,
sólo yo parezco desprovisto.
Mi espíritu está turbado
como el de un ignorante.
Todo el mundo está esclarecido,
sólo yo soy torpe.
Como quien deriva en alta mar.

Todo el mundo tiene algo que hacer,
sólo yo soy inútil.
Sólo yo soy diferente a todos los demás
porque aprecio a la Madre que me nutre.

XXI

La grandeza de toda virtud

reside en su fidelidad al Tao.

El Tao es algo confuso e intangible.

Es confuso e intangible, pero tiene formas.

Es confuso pero brillante porque abarca muchas cosas.

Es profundo y oscuro pero contiene una esencia.

Esta esencia es verdadera.

Desde los tiempos más remotos conserva invariable su nombre.

Es el origen de todos los seres.

¿Cómo conocer el origen de todos los seres?

Por esto mismo.

XXII

Lo humillado será engrandecido.
Lo inclinado será enderezado.
Lo vacío será lleno.
Lo envejecido será renovado.
Lo sencillo y puro será alcanzado,
pero lo complicado y extenso causará confusión.
Por esto, el sabio abraza la unidad
y es el modelo del mundo.
Destaca porque no se exhibe.
Brilla porque no se guarda.
Merece honores, porque no se ensalza.
Posee el mando, porque no se impone.
Nadie le combate porque él a nadie hace la guerra.
¿Son acaso vanas las palabras del antiguo proverbio:
"lo humillado será engrandecido"?
Por esto mismo, el sabio preservará su grandeza.

XXIII

Hablar poco es lo natural.
Un huracán no dura toda la mañana.
Un aguacero no dura todo el día.
¿Quién hace estas cosas?
El cielo y la tierra.
Si las cosas del cielo y la tierra
no pueden durar eternamente,
¿cómo las cosas del hombre?
Así, quien sigue el Tao
se une al Tao.
Quien sigue la virtud,
se une a la virtud.
Quien sigue el defecto,
se une al defecto.
Quien se identifica con una de estas cosas,
por ella es acogido.
Pero a esto no se da suficiente crédito.

XXIV

Quien se sostiene de puntillas no permanece mucho

tiempo en pie.

Quien da largos pasos no puede ir muy lejos.

Quien se exhibe carece de luz.

Quien se alaba no brilla.

Quien se ensalza no merece honores.

Quien se glorifica no llega.

Para Tao, estos excesos,

son como excrecencias y restos de comida que a todos repugnan.

Por eso, quien posee el Tao

no se detiene en ellos.

XXV

Antes aún que el cielo y la tierra
Ya existía un ser inexpresable.
Es un ser vacío y silencioso, libre,
inmutable y solitario.
Se encuentra en todas partes
y es inagotable.
Puede que sea la Madre del universo.
No sé su nombre,
pero lo llamo Tao.
Si me esfuerzo en nombrarlo
lo llamo "grande".
Es grande porque se extiende.
Su expansión le lleva lejos.
La lejanía le hace retornar.
El Tao, pues, es grande y el cielo es grande.
La tierra es grande y también lo es el hombre.
En el universo hay cuatro cosas grandes,
y el hombre del reino es una de ellas.
El hombre sigue la ley de la tierra.
La tierra sigue la ley del cielo.
El cielo sigue la ley del Tao.
El Tao sigue su propia ley.

XXVI

Lo pesado es la raíz de lo ligero.

La calma somete a lo agitado.

Así, el sabio cuando viaje

no se aleja de la caravana.

Aunque pueda disfrutar de las cosas más excelsas,

conserva su paz y se hace superior.

¿Cómo el dueño de diez mil carros

puede obrar con ligereza en el imperio?

Quien se comporta ligeramente

Pierde la raíz de su poder.

Quien se ofusca,

se pierde a sí mismo.

XXVII

Un buen caminante no deja huellas.
Un buen orador no se equivoca ni ofende.
Un buen contable no necesita útiles de cálculo.
Un buen cerrajero no usa barrotes ni cerrojos,
y nadie puede abrir lo que ha cerrado.
Quien ata bien no utiliza cuerdas ni nudos,
y nadie puede desatar lo que ha atado.
Así el sabio que siempre ayuda a los hombres,
no los rechaza.
El sabio que siempre conserva las cosas,
no las abandona.
De él se dice que está deslumbrado por la luz.
Por esto, el hombre bueno no se considera maestro
de los hombres;
Y el hombre que no es bueno estima como buenas las
cosas de los hombres.
No amar el magisterio ni la materia de los hombres,
Y aparentar ignorancia, siendo iluminado,
éste es el secreto de toda maravilla.

XXVIII

Quien conoce su esencia masculina,

y se mantiene en el principio femenino,

es como el arroyo del mundo.

Mientras sea como el arroyo del mundo

la virtud eterna no lo abandonará,

y retornará a la infancia.

Quien conoce su propia blancura,

y se mantiene en la oscuridad.

XXIX

Si un hombre quiere darle forma al mundo,
modelarlo a su capricho,
difícilmente lo conseguirá.
El mundo es un jarro sagrado
que no se puede manipular ni retocar.
Quien trata de hacerlo, lo deforma.
Quien lo aferra, lo pierde.
Por eso el sabio no intenta modelarlo,
luego no lo deforma.
No lo aferra, luego no lo pierde.
Hay quienes marchan adelante,
Hay quienes marchan atrás.
Hay quienes permanecen callados,
hay quienes hablan.
Algunos son fuertes, otros débiles.
Algunos medran, otros perecen.
Luego el sabio rechaza el exceso,
la extravagancia y la propia complacencia.

XXX

El que está en el camino del Tao,

no refuerza el imperio de las armas.

Toda acción provoca reacciones.

Sólo zarpas y espinos nacen

en el lugar donde acampan los ejércitos.

Después de la guerra, siguen años de hambre.

El buen general vence, y allí se queda.

No abusa de su poder, no se sobrestima.

Vence y no se jacta, vence porque es su deber.

Cuando las cosas alcanzan su extremo, comienzan a declinar.

Eso es oponerse al Tao.

Y lo que se opone al Tao

camina rápidamente a su fin.

XXXI

Las armas son instrumentos nefastos.

El hombre de Tao nunca se sirve de ellas.

El hombre de bien considera la izquierda como sitio de honor,

pero permanece a la derecha cuando porta armas.

Las armas son instrumentos nefastos,

no adecuados para el hombre de bien.

Sólo las usa en caso de necesidad,

y lo hace comedidamente,

sin alegría en la victoria.

El que se alegra de vencer

es el que goza con la muerte de los hombres.

Y quien se complace en matar hombres

no puede prevalecer en el mundo.

Para los grandes acontecimientos

el sitio de honor es la izquierda,

y a la derecha para los hechos luctuosos.

El segundo jefe se coloca a la izquierda,

y el primer jefe a la derecha, que es el lugar reservado

en los ritos fúnebres.
Quien haya matado
debe llorar con dolor y tristeza.
La victoria en la guerra
debe seguir el rito funerario.

XXXII

El Tao, en su eternidad, carece de nombre.
Aunque mínimo en su unidad,
el mundo no puede contenerla.
Si los príncipes y los reyes
pudieran permanecer en el Tao
todos los seres se les someterían.
El cielo y la tierra
se unirían para llover dulce rocío.
El pueblo, sin gobierno
por sí mismo se ordenaría con equidad.
Cuando en el principio se dividió, dando formas
a todas las cosas,
tuvo nombres.
Con los nombres supo contenerse,
y así, no corre peligro.
El Tao es al universo
como los riachuelos y los valles son respecto a los ríos y al mar.

XXXIII

El que conoce a los demás es inteligente.
El que se conoce a sí mismo es iluminado.
El que vence a los demás es fuerte.
El que se vence a sí mismo es la fuerza.
El que se esfuerza sin cesar es voluntarioso.
El que permanece en su puesto, vive largamente.
El que muere y no perece, es eterno.

XXXIV

El gran Tao es como río que fluye
en todas las direcciones.
Todos los seres le deben la existencia
y él a ninguno se la niega.
Cuando realiza su obra, no se la apropia.
Cuida y alimenta a todos los seres
sin adueñarse de ellos.
Carece de ambiciones,
por eso puede ser llamado pequeño.
Todos los seres retornan a él sin que los reclame,
y por eso puede ser llamado grande.
De la misma forma, el sabio nunca
se considera grande,
y así, perpetúa su grandeza.

XXXV

El que guarda la Gran Forma
es el modelo del mundo.
El mundo no sufre mal alguno
y queda en paz, prosperidad y equilibrio.
La música y los manjares
detienen al caminante,
Pero lo que exhala el Tao
no tiene sabor.
Se mira el Tao y no complace a la vista.
Se escucha el Tao y no complace al oído.
Se bebe el Tao y es inagotable.

XXXVI

Quien quiera contraer algo,
antes debe extenderlo.
Quien quiera debilitar algo,
antes debe fortalecerle.
Quien quiera destruir algo,
antes debe levantarlo.
Quien quiera obtener algo,
antes debe haberlo dado.
Así es el misterio profundo.
Lo tierno y lo débil
vencen lo duro y fuerte.
No debe salir el pez
de la profundidad de las aguas.
No deben exhibirse
los objetos más valiosos del reino.

XXXVII

El Tao, por su naturaleza, no actúa,
pero nada hay que no sea hecho por él.
Si los príncipes y los reyes
pudieran adherírsele,
todos los seres evolucionarían por sí mismos.
Si al evolucionar
apareciera el deseo de obrar,
yo lo mantendría en la simplicidad sin nombre.
En la simplicidad sin nombre no existe el deseo.
Sin deseos es posible la paz
y el mundo se ordena por sí mismo.

XXXVIII

La virtud superior no se precia de virtuosa,
esa es su virtud.
La virtud inferior aprecia su propia virtud,
por eso no tiene virtud.
La virtud superior no actúa
ni tiene objetivos que alcanzar.
La virtud inferior actúa
y tiene objetivos que alcanzar.
La bondad superior actúa
y no tiene objetivos.
La justicia superior actúa
y tiene objetivos.
El rito superior actúa
y, si no halla respuesta, la fuerza.
Así perdido el Tao, queda la virtud.
Perdida la virtud, queda la bondad.
Perdida la bondad, queda la justicia.
Perdida la justicia, queda el rito.
El rito es sólo apariencia de fidelidad
y origen de todo desorden.

El conocimiento es sólo flor del Tao
y origen de la necedad.
Así, el hombre grande
observa lo profundo y no lo superficial.
Se atiene al fruto y no a la flor,
rechaza esto y prefiere aquello.

XXXIX

Lo que antiguamente llegó a la unidad:

El cielo, en su unidad, obtiene la claridad.

La tierra, en su unidad, se torna quieta.

Los espíritus, en su unidad, se hacen poderosos.

El valle, en su unidad, se vuelve lleno.

Todos los seres, en su unidad, se reproducen.

Los príncipes y los soberanos, en su unidad, pueden gobernar el mundo.

Si el cielo no fuera claro, se descompondría.

Si la tierra no fuera estable, se derrumbaría.

Si los espíritus no fueran poderosos, perecerían.

Si el valle no fuera pleno, desaparecería.

Si los seres no se procrearan, se extinguirían.

Si los príncipes y reyes no destacasen, perderían el gobierno.

Así la nobleza tiene su raíz en la vileza.

Lo alto tiene por fundamento lo bajo.

Por esto los soberanos se llaman a sí mismos

"el huérfano", "el indigno", "el pobre".

¿No es esto considerar al humilde como su raíz?
El honor máximo es de aquel que no lo pretende.
No se debe preferir ser como el jade,
sino como el más vulgar guijarro.

XL

El retorno es el movimiento del Tao.

La debilidad es la manifestación del Tao.

Todos los seres han nacido del Ser

y el Ser ha nacido del no-ser.

XLI

El espíritu superior que oye hablar del Tao,
lo practica con diligencia.
El espíritu mediocre que oye hablar del Tao,
tanto lo conserva como lo pierde.
El espíritu inferior que oye hablar del Tao,
ríe ruidosamente.
Y, por esta risa, se conoce la grandeza del Tao.
Lo dice el proverbio:
Iluminar con el Tao es como oscurecer.
Progresar con el Tao es como retroceder.
Engrandecer con el Tao es como vulgarizar.
La virtud superior es semejante a un valle en su oquedad.
El supremo candor es semejante a la ignominia.
La vasta virtud es insuficiente.
La virtud ya fundada es indolente.
La virtud más pura es como un adulterio.
El Tao es como un gran cuadrado que no tiene ángulos,
como una gran vasija que se elabora lentamente,
como un gran cuerpo sin forma.
El Tao es oculto y sin nombre.
Pero el Tao es generoso y realiza todos los seres.

XLII

El Tao engendra el Uno,
el Uno engendra el dos,
el dos engendra el tres.
El tres engendra todos los seres.
Todos los seres llevan la sombra a sus espaldas
y la luz en los brazos.
Y el aliento de la nada resuelve la armonía.
Aquello que el hombre aborrece,
la soledad, la pobreza, la indignidad,
es el título requerido por los soberanos.
Porque lo que se disminuye crece
y lo que se engrandece es disminuido.
Yo enseño lo que otros han enseñado:
"el hombre violento no tendrá una muerte natural".
Esta es la guía de mi enseñanza.

XLIII

Lo más blando del mundo
vence a lo más duro.
La nada penetra donde no hay resquicio.
Por esto conozco la utilidad de la no-acción.
Enseñanza sin palabras.
Eficacia en la no-acción.
Pocos en el mundo llegan a comprenderlo.

XLIV

¿Qué es más íntimo a nuestra naturaleza,
La fama o el propio cuerpo?
¿Qué es más apreciable, la salud o la riqueza?
¿Qué nos duele más,
ganar una cosa o perder la otra?
Quien mucho estima su nombre, despilfarra su amor.
Quien mucho acapara, mucho pierde.
Quien se contenta con poco nunca es agraviado.
Quien se contiene no sufre peligros y vivirá largamente.

XLV

La mayor perfección es de apariencia imperfecta,
pero su acción es inagotable.
La mayor plenitud es de apariencia vacía,
pero su acción es inagotable.
La mayor rectitud es en apariencia retorcida.
La mayor elocuencia es en apariencia incongruente.
El movimiento vence al frío.
La quietud vence al calor.
La quietud absoluta es la norma del mundo.

XLVI

Cuando el Tao reina en el mundo

los caballos de guerra acarrean estiércol.

Cuando no hay Tao en el mundo

los caballos de guerra abundan en los arrabales.

No hay mayor error que consentir los deseos.

No hay mayor vicio que ser codicioso.

Quien sabe contentarse

siempre está saciado.

XLVII

Sin salir de la puerta

se conoce el mundo.

Sin mirar por la ventana

se ve el camino del cielo.

Cuando más lejos se va,

menos se aprende.

Así, el sabio,

no da un paso y llega,

no mira y conoce,

no actúa y cumple.

XLVIII

Por el estudio se acumula día a día.

Por el Tao se disminuye día a día.

Disminuyendo cada vez más

se llega a la no-acción.

Por la no-acción

nada se deja sin hacer.

El mundo siempre se ha ganado sin acción.

La acción no es suficiente para ganar el mundo.

XLIX

El sabio no tiene un espíritu constante.

Hace suyo el espíritu del pueblo.

Ama a los buenos

y también a los que no son buenos,

Y así consigue la bondad.

Confía en el sincero

y también en los que no son sinceros,

y así consigue la fidelidad.

El sabio vive en el respeto de todos.

A todos reúne en su espíritu.

El pueblo vuelve hacia él sus ojos y acerca sus oídos,

y el sabio los trata como a niños.

L

Vivir es llegar y morir es volver.

Tres hombres de cada diez caminan hacia la vida.

Tres hombres de cada diez caminan hacia la muerte.

Tres hombres de cada diez mueren en el ansia de vivir.

¿Cómo puede sobrevivir el décimo hombre?

He oído decir que quien sabe cuidarse

viaja sin temor al rinoceronte ni al tigre,

y va desarmado al combate.

El rinoceronte no encuentra donde hincarle el cuerno,

ni el tigre donde clavarle su garra,

ni el arma donde hundir su filo.

¿Por qué?

Porque en él nada puede morir.

LI

El Tao engendra.
La virtud nutre.
La materia conforma.
La energía perfecciona.
Por esto, de todos los seres
no hay ninguno
que no venere al Tao
y estime la virtud.
Esta veneración al Tao
y la estima de la virtud
no es impuesto sino
una eterna inclinación espontánea.
Porque el Tao los engendra,
la virtud los nutre,
los hace crecer, los perfecciona,
los conserva, los madura
y los protege.
Engendrar y criar,
engendrar sin apropiarse,
obrar sin pedir nada,
guiar sin dominar,
esta es la gran virtud.

LII

Todo cuanto existe tuvo un origen,
la madre del mundo.
Quien conoce a la madre
conoce a los hijos.
Quien conoce a los hijos
preserva a la madre
y su vida no correrá peligro.
Tapa los orificios,
cierra las puertas,,
y vivirás sin fatiga.
Abre los orificios,
aumentan los trabajos,
y estarás indefenso toda la vida.
Ver lo pequeño
es clarividencia.
Conservarse débil
es fortaleza.
Usar la luz
para volver a la claridad,
y proteger el cuerpo de todo daño,
es vestirse de eternidad.

LIII

Quisiera poseer la sabiduría

para poder marchar por el gran camino

sin temor a desviarme.

El gran camino es llano

pero la gente ama los senderos.

La corte de todo tiene abundancia

pero los campos están llenos de malas hierbas

y los graneros vacíos.

Vestirse ropas lujosas,

ceñir afiladas espadas,

hartarse de bebida y de manjares,

retener grandes riquezas,

es como el robo;

no es Tao.

LIV

Lo que está bien plantado no será arrancado.
Lo que está bien abrazado no será soltado.
A los antepasados ofrecerán siempre sacrificios los hijos y los nietos.
Si la cultiva en sí mismo
su virtud será verdadera.
Si la cultuva en su familia
su virtud será abundante.
Si la cultiva en su pueblo
su virtud será grande.
Si la cultiva en el Estado
su virtud será poderosa.
Si la cultiva en el mundo
su virtud será universal.
Por esto, conoce a otros por sí mismo;
conoce las familias por la virtud de su familia;
conoce los pueblos por la virtud de su pueblo;
conoce los estados por la virtud de su estado;
conoce el mundo por la virtud del mundo.
¿Cómo saber que así se conoce el mundo?
Por esto mismo
no se le puede despreciar.

LV

Quien alcanza la mayor virtud
es como un recién nacido.
Los reptiles venenosos no le pican.
Las fieras salvajes no le atacan.
Las aves rapaces no le arrebatan.
Tiene blandos los huesos
y débiles los tendones,
pero agarra firmemente.
Ignora la unión de los sexos,
pero posee la integra plenitud de su esperma.
Grita todo el día,
pero no enronquece;
Es la perfecta armonía.
Conocer la armonía es eternidad.
Conocer la eternidad es ser iluminado.
Intensificar la vida es nefasto.
Controlar el aliento es fortaleza.
Los seres, cuando han llegado a su madurez,
empiezan a envejecer.
Esto ocurre a todo lo opuesto a Tao.
Y lo opuesto a Tao pronto acaba.

LVI

Quien le conoce no habla
y quien habla no le conoce.
Tapa los orificios,
cierra las puertas,
suaviza las asperezas,
disuelve la confusión
atenúa los resplandores,
se identifica con el polvo,
Esta es la unidad misteriosa.
no se le puede atraer,
no se le puede rechazar:
no se le puede beneficiar;
no se le puede perjudicar;
no se le puede honrar.
Por esto, es lo más valioso del mundo.

LVII

Con rectitud se gobierna el Estado.
Con sagacidad se lucha en la guerra.
Con la no-acción se conquista el mundo.
¿Cómo lo sé?
Por esto:
Cuántas más limitaciones y prohibiciones haya,
más pobre será el pueblo.
Cuántas más armas,
más desorden habrá en el reino.
Cuánta más astucia,
más hechos extraños ocurren.
Cuántas más leyes y decretos,
más ladrones aparecen.
Por esto el sabio dice:
Yo nada hago
y el pueblo por sí mismo progresa.
Yo quedo en la quietud
y el pueblo por sí mismo mejora.
Yo no negocio
y el pueblo por sí mismo se enriquece.
Yo nada deseo
y el pueblo por sí mismo vuelve a la sencillez.

LVIII

Cuando el gobierno es inactivo,
el pueblo es diligente.
Cuando el gobierno es activo,
el pueblo es indolente.
La desgracia reposa en la dicha,
y la dicha reposa en la desgracia.
¿Quién conoce el punto medio?
No hay una norma.
La rectitud degenera en extravagancia
y la bondad en monstruosidad.
Mucho tiempo hace que el hombre se engaña por esto.
Así, el sabio es recto pero no tajante,
anguloso pero no hiriente,
firme pero no insolente,
claro pero no deslumbra.

LIX

En el gobierno de los hombres y al servicio del cielo,
lo mejor es la moderación.
La moderación todo lo somete.
Quien consigue pronto el sometimiento,
acumula mucha virtud.
Con la virtud acumulada,
vencerá en todo.
Venciendo en todo,
llegará a límites insospechados.
Puede incluso apoderarse del reino.
Poseyendo a la Madre del reino,
puede durar mucho tiempo.
Es el camino de la profunda raíz de la sólida base,
del largo vivir y vista duradera.

LX

Se gobierna un gran Estado

con el cuidado con que se fríen los pececillos.

Si se gobierna el mundo con Tao,

los manes de los muertos no usarán su poder.

No porque los manes no se hagan espíritus,

sino porque éstos no dañarán a los hombres.

Los espíritus no dañarán a los hombres,

Y tampoco el sabio los daña.

Si no se perjudican mutuamente,

la virtud reúne a ambos.

LXI

Un gran reino es un cauce profundo

hacia el que todo fluye.

Es la hembra del mundo.

La hembra, por su quietud, vence al macho y permanece abajo.

Un gran reino se humilla ante el pequeño,

y así lo posee.

Un reino pequeño se humilla ante el grande,

y así se engrandece.

Uno vence humillándose

y el otro quedando abajo.

El gran reino desea reunir y criar.

El pequeño reino desea servir.

Para provecho de ambos y el logro de sus deseos,

el más grande debe mantenerse abajo.

LXII

El Tao es lo más profundo de todos los seres.

Es el tesoro del hombre bueno,

Y el amparo del que no es bueno.

Las bellas palabras ganan honores,

los bellos actos elevan al hombre.

Así, al coronarse un emperador, y nombrar a sus tres ministros,

mejor que llevar jade en las manos,

y presentar la cuadriga,

vale más cumplir con Tao.

Los antiguos estimaban a Tao porque quien busca su

posesión, aleja la culpa.

Por esto, es lo más valioso del mundo.

LXIII

Actuar y no actuar,
realizar y no realizar,
sabroso e insípido,
grande y pequeño,
mucho y poco,
en todo rige la virtud.
Acomete la dificultad por su lado más fácil.
Ejecuta lo grande comenzando por lo más pequeño.
Las cosas más difíciles se hacen siempre abordándolas
en lo que es más fácil,
y las cosas grandes en lo que es más pequeño.
El sabio no emprende grandes cosas,
y en ello está su propia grandeza.
El que promete a la ligera
merece poco crédito.
El que todo lo encuentra fácil
difícil le será todo.
Por esto, el sabio en todo considera la dificultad,
y en nada le halla.

LXIV

Lo que está en reposo es fácil de retener.
Lo que no ha sucedido es fácil de resolver.
Lo que es frágil es fácil de romper.
Lo que es menudo es fácil de dispersar.
Prevenir antes de que suceda,
y ordenar antes de la confusión.
El árbol que casi no puede rodearse con los brazos,
brotó de un germen minúsculo.
La torre de nueve pisos,
comenzó por un montón de tierra.
El vieja de mil [li],
empezó con un paso.
Quien actúa, fracasa.
Quien tiene, pierde,
Por esto, el sabio nada hace y no fracasa;
nada posee, y nada pierde.
El hombre suele malograr la obra cuando va a concluirla.
Cuidado del final como del principio,
ninguna obra se perdería.
Por esto, el sabio aspira a no desear nada
y a despreciar lo valioso.

Aprende a no aprender,
regresa por el camino que los demás ya han recorrido,
y así, sin atreverse a obrar,
favorece la evolución natural de todos los seres.

LXV

Los antiguos que seguían el Tao
no esclarecían con ello al pueblo;
lo conservaban, por el contrario, en su sencillez.
Si un pueblo es difícil de gobernar,
es culpa de los avispados.
Quien gobierna con la inteligencia
arruina el Estado.
Quien gobierna sin servirse de la astucia
enriquece el Estado.
Conocer estas dos cosas
es conocer la verdadera norma.
Conocer esta norma
es poseer la misteriosa virtud.
La misteriosa virtud es profunda y extensa;
es lo inverso a todas las cosas,
pero por ella todo se armoniza.

LXVI

Los ríos y los mares son los reyes de los Cien Valles

porque se mantienen abajo.

Por esto, pueden ser reyes de todos los valles.

Así, el sabio que quiere ser superior al hombre

se rebaja en sus palabras.

Para ser la cabeza del pueblo,

se queda atrás.

Así, el sabio permanece arriba

y el pueblo no siente su peso.

Conserva el primer puesto

y no molesta al pueblo.

Todo el mundo lo alza con entusiasmo sin cansarse de él.

Como a nadie combate

Nadie le ataca.

LXVII

En el mundo todos dicen que soy grande
y no lo parezco.
Porque soy grande
no lo parezco.
Si lo pareciera hubiera dejado de serlo,
y hace mucho tiempo que sería pequeño.
Poseo tres tesoros que guardo:
el primero es amor,
el segundo es moderación,
el tercero es humildad.
Por el amor puedo ser valeroso.
Por la moderación puedo ser generoso.
Por la humildad puedo ser el primero.
Pero sin amor no se puede ser valeroso,
sin moderación no se puede ser generoso,
sin humildad no se puede ser el primero.
De otro modo se camina a la muerte.
Quien ataca con amor, vence.
Quien se defiende con amor, es firme.
Quien por el cielo es salvado, le protege el amor.

LXVIII

El buen militar no es belicoso.
El buen guerrero no es irascible.
El buen vencedor evita la guerra.
El buen conductor de hombres,
se supedita a ellos.
Esta es la virtud de no-combatir
para poder conducir a los hombres.
Este es el modo más perfecto
de unirse a la norma del cielo.

LXIX

Dice un viejo proverbio militar:
"Es preferible ser huésped que anfitrión.
Es preferible retroceder un pie
Que avanzar una pulgada".
A esto se llama
protegerse sin avanzar,
rechazar sin usar los brazos,
replicar sin herir,
y vencer sin armas.
No hay peligro mayor
que desestimar al enemigo.
Así se arriesga el tesoro.
Por esto, el ejército más afligido por la guerra,
alcanza la victoria.

LXX

Mis palabras son fáciles de comprender
y fáciles de practicar.
Pero nadie en el mundo las comprende,
nadie las practica.
Mis palabras tienen su fundamento
y los actos tienen su dueño.
Pero nadie los conoce y nadie me conoce a mí.
Raros son los que siguen
y éste es el máximo valor.
El sabio oculta bajo pobres vestidos
piedras preciosas en su pecho.

LXXI

Darse cuenta de que nuestro conocimiento es ignorancia,

es una noble comprensión interna.

Considerar nuestra ignorancia como conocimiento

es enfermedad mental.

Sólo cuando nos cansamos de nuestra enfermedad,

dejamos de estar enfermos.

El sabio no está enfermo, por estar cansado de la enfermedad.

Este es el secreto de la salud.

LXXII

Cuando la gente ya no teme tu poder
es señal de que está llegando un gran poder.
No interfieras a la ligera en sus hogares,
ni les impongas pesadas cargas.
Sólo si dejas de abatirlos,
dejarán de estar abatidos por tu causa.
por ello, el Sabio se conoce a sí mismo,
pero no se vanagloria; se ama sí mismo, pero no se alaba.
Prefiere lo que está dentro a lo que está fuera.

LXXIII

Quien es valiente de manera temeraria, perecerá;

quien es valiente sin temeridad, sobrevivirá.

De estas dos clases de valor, una es benéfica y la otra dañina.

Algunas cosas son detestadas por el Cielo.

Mas, ¿quién conoce la razón?

Incluso el sabio se desconcierta ante tal cuestión.

El Camino del Cielo es conquistar sin luchar,

dar respuestas sin hablar, atraer a la gente sin llamar,

actuar conforme a los planes sin premura.

Vasta es la red del cielo, entrelazada con amplias mallas y,

sin embargo, nada se escapa entre ellas.

LXXIV

Cuando la gente ya no teme a la muerte,

¿por qué se asustaría de su espectro?

Si pudieras hacer que las personas siempre temieran a la muerte,

más persistirían en violar la ley,

podrías con razón detenerlas y ejecutarlas,

¿No está siempre ahí el Gran Ejecutor mara matar?

Matar, para el Gran Ejecutor,

es como cortar madera para el maestro carpintero,

Y desde luego serás afortunado ¡si no te hieres en tu propia mano!

LXXV

¿Por qué se muere el pueblo de hambre?

Porque los de arriba les gravan con exceso.

Por ello se está muriendo.

¿Por qué es el pueblo difícil de gobernar?

Porque los de arriba intervienen demasiado

y sirven a sus intereses personales.

Por ello es tan difícil de gobernar.

¿Por qué el pueblo se toma la muerte a la ligera?

Porque los de arriba llevan una vida lujosa.

Por ello se toma la muerte a la ligera.

¡El pueblo no tiene sencillamente de qué vivir!

¡Saben cosas mejores que hacer que valorar una vida así!

LXXVI

Cuando una persona está viva, es blanda y flexible.

Cuando está muerta, se vuelve dura y rígida.

Cuando una planta está viva, es blanda y tierna.

Cuando está muerta, se vuelve marchita y seca.

Por ello, lo duro y lo rígido son compañeros de lo muerto:

lo blando y lo flexible son compañeros de lo vivo.

Así pues, un ejército poderoso tiende a caer por su propio peso,

al igual que la madera seca está lista para el hacha.

Lo grande y poderoso será colocado abajo;

lo humilde y débil será honrado.

LXXVII

Tal vez, la Ley del Cielo pueda compararse

al estiramiento de un arco.

La parte de arriba se hunde y la de abajo se eleva.

Si la cuerda del arco es demasiado larga, se corta;

si es demasiado corta, se añade.

La Ley del Cielo disminuye lo excesivo y completa lo insuficiente.

La ley del hombre es diferente:

Toma de lo insuficiente para aportarlo a lo excesivo.

¿Quién excepto del hombre del Tao puede poner

sus riquezas sobrantes al servicio del mundo?

Por ello, el Sabio efectúa su trabajo sin acumular nada,

y realiza su labor sin aferrarse a ella.

No quiere que sus méritos sean vistos.

LXXVIII

Nada en el mundo es más blando y débil que el agua;

Mas ¡no hay nada como el agua para erosionar lo duro y lo fuerte!,

pues nada puede reemplazarla.

Que lo débil venza a lo fuerte y lo blando venza a lo duro,

es algo que todos conocen pero que nadie practica.

Por ello, el Sabio dice:

Recibir la suciedad de un país es ser el señor de sus templos.

Cargar con las desgracias de un país es ser el príncipe del mundo.

Ciertamente, ¡la Verdad parece su opuesto!

LXXIX

Cuando se cura una gran herida, siempre queda una llaga.

¿Acaso puede ser esto deseable?

Por ello, el Sabio, aun teniendo la peor parte de un acuerdo,

cumple con su parte convenida y no se querella contra los demás.

La persona virtuosa cumple con su deber;

la persona sin virtud sólo sabe imponer cargas a los demás.

La Vía del cielo carece de afectos personales,

pero siempre se halla en armonía con las personas bondadosas.

LXXX

¡Ay del pequeño país con poca población!
Aunque posea aparatos mecánicos eficaces,
la gente no los utiliza.
Deja que se preocupe de la muerte
y se abstenga de emigrar a lugares lejanos.
Tal vez haya todavía carros y barcos, armas y armaduras,
pero ninguna ocasión de utilizarlas ni exhibirlas.
Deja al pueblo volver a comunicarse anudando cuerdas.
Procura que esté contento con su comida,
complacido con su ropa, satisfecha con sus casas
y siga acostumbrado a sus maneras sencillas de vida.
Aunque pueda haber otro país en la vecindad,
tan cercano que ambos están a la vista el uno del otro,
y puedan oírse recíprocamente el canto de sus gallos
y el ladrido de sus perros, no existen relaciones,
y a lo largo de sus vidas los dos pueblos
no tienen nada que ver entre sí.

LXXXI

Las palabras sinceras no son agradables,
las palabras agradables no son sinceras.
Las buenas personas no son discutidoras,
las discutidoras no son buenas.
Las personas sabias no son eruditas,
las eruditas no son sabias.
El Sabio no toma nada para acaparar,
cuanto más vive para los demás, más plena es su vida.
Cuanto más da, más nada en la abundancia.
La Ley del Cielo es beneficiar, no perjudicar.
La Ley del Sabio es cumplir su deber,
no luchar contra nadie.

Libros Recomendados

El Gran Diseño y Dios ¿Necesita Stephen Hawking y su multiverso a Dios? *Por Matias Libedinsky*

Cuentos para el Alma: Basados en la Torah y el Talmud. *Por Rabino Isaac Sakkal*

Y La Biblia Tenia Razon (Coleccion de la Biblia de Israel). *Por Werner Keller*

La Biblia de Israel: Torah Pentateuco: Hebreo - Español : Libro de Bereshít - Génesis .

El Poder De La Mente Subconsciente (The Power of the Subconscious Mind). *Por Joseph Murphy*

Como un Hombre Piensa Asi es Su Vida / As a Man Thinketh. *Por James Allen*

El Hombre Mas Rico de Babilonia. *Por George S. Clason*

La Torah: Los 5 Libros de Moises.

Leyes de los Fundamentos de la Tora. *Por Maimonides*

www.ingramcontent.com/pod-product-compliance
Lightning Source LLC
LaVergne TN
LVHW101951220826
846093LV00006B/172

* 9 7 8 7 5 4 6 5 0 7 9 4 1 *